基本をきわめる！
空手道
KARATE-DO

2 礼・空手衣・道場

監修／全日本空手道連盟 JKF
編／こどもくらぶ

チャンプ

INTRODUCTION
はじめに

空手道は、沖縄から日本各地へとひろまった、日本の武道です。武道とは、日本古来の戦いの技術「武術」をもとに生まれた、日本の文化のひとつ。相手をたおすことではなく、相手を思いやる気持ちをたいせつにし、稽古を通して心身をきたえるのが、空手道をはじめ、すべての武道の目的です。

現在、空手道はKARATEとして世界じゅうにひろまり、各地に根づいています。世界空手連盟（WKF）に加盟する国と地域は187*にのぼり、競技人口は5000万人ともいわれます。空手道世界一を決める国際大会「世界空手道選手権大会」では、日本をはじめ、スペイン、フランス、ドイツ、イタリア、ロシア、アゼルバイジャン、チリ、そしてアメリカなど、世界各国の代表選手が優勝しています。

さて、これほど世界にひろまった空手道ですが、わたしたちは、空手道についてどれくらい知っているでしょうか？

- 「礼」って、なんでしょう？
- 空手道のTATAMIってなんでしょう？
- 空手衣の正しい着方、たたみ方がわかりますか？

近年日本では、空手道をはじめ、日本の伝統文化である武道のたいせつさを、あらためて見直そうという動きがおこっています。2012年からは、中学校の授業として武道を必修とすることが決まっています。

このシリーズでは、こうした日本の武道のひとつ、空手道をきわめるために、まず、これだけは知っておきたいという知識を4冊にわけてわかりやすく紹介しています。

このシリーズで、日本が生みだした「空手道」について、そして世界にひろまっている「KARATE」についてよく知ってください。世界のどこへいっても、自信をもって空手道を紹介できるといいですね。

*2010年現在。

CONTENTS
もくじ

はじめに ……………………………………………… 2
1. 礼（れい）って、なに？ ……………………………… 4
2. 礼（れい）のおこない方（かた） …………………… 6
3. 正座（せいざ） ……………………………………… 8
4. 空手衣（からてぎ） ………………………………… 10
5. 帯（おび）と段位（だんい） ……………………… 12
6. 空手衣（からてぎ）の着方（きかた） ……………… 15
7. 空手衣（からてぎ）のたたみ方（かた） …………… 18

もっときわめる！ 空手衣（からてぎ）のできるまで …… 20

8. 防具（ぼうぐ） ……………………………………… 22
9. 道場（どうじょう） ………………………………… 24

もっときわめる！ 世界（せかい）にひろまる空手道（からてどう） …… 26

10. 競技場（きょうぎじょう） ………………………… 28

さくいん ……………………………………………… 30

1 礼って、なに？

ふつう「礼」といえば、おじぎの動作を思いうかべますが、空手道では、それだけをさすのではありません。

「礼にはじまり、礼に終わる」

空手道では、道場（24ページ参照）に入るときや出るとき、稽古・試合のはじまりや終わりなど、あらゆる場面で礼をします。

この礼は、単におじぎをすればいいというわけではありません。おじぎの動作のなかに、道場や指導してくれる先生、稽古の相手をしてくれる人などに対する尊敬や感謝、思いやりの気持ちがこめられていなくてはならないのです。

つまり、空手道では、おじぎの動作そのものとともに、こうした心構え自体を「礼」とよび、たいせつにしています。よく、空手道の稽古を「礼にはじまり、礼に終わる」とあらわすことがありますが、これには、空手道の「礼」に対する考え方があらわれているのです。

このように「礼」を重んじるのは、空手道にかぎらず、柔道や剣道など、日本の武道の特徴といえます。

道場正面にある神棚に礼。

礼の作法

空手道では、相手への尊敬、思いやりの気持ちがあれば、服装や姿勢、言葉づかいなども、自然と礼儀正しいものになると考えています。そのため稽古では、礼をする動作がだらしなかったり、ていねいな話し方ができなかったりすれば、きびしく指導されます。これは、「礼」をあらわすためには、きちんとした行動が必要だと考えられているからです。

そのため、「礼」のおこない方には作法（決まり）があります*。空手道を習いはじめたら、まずは礼の作法を身につけます。

*礼の作法は流派によって多少のちがいがある。流派とは、ひとつのまとまった技法を受けつぐ団体や、その技法自体のこと。

稽古中、礼をする動作がだらしなければ注意される。

礼と節

空手道では、「礼」とともに「礼節」という言葉もよくつかわれます。

「節」は、正しいことと正しくないことをわきまえる「節度」をさしています。礼も節も、空手道でたいせつにされる心構えです。

礼節を重んじ、その心構えを態度でしめす。

礼のおこない方

ここでは、正しい礼の仕方を紹介します。正しい礼をしてはじめて、相手へ尊敬の気持ちをあらわすことができます。

立礼と座礼

礼には、立っておこなう「立礼」と、すわっておこなう「座礼」とがあります。立礼は、正しい立ち方から、座礼は正しい正座からはじめます。

立礼

1 かかとをそろえてつま先をひらき、背すじをのばして立つ。手がもものわきにくるように、ひじを少し曲げる。

- 目線は正面。
- あごをひく。
- 胸をはって背すじをのばす。
- 指はそろえ、からだのわきにそえる。
- つま先はにぎり拳ひとつ分ひらく。

2 背すじをのばしたまま、上体をたおす。ひと呼吸おいて、もとの姿勢にもどる。

- 目線は少し遠くの床に。正面を見たままだとあごがあがってしまう。
- 背中はまっすぐにたもつ。
- 手はからだのわきにそえたまま。からだの前にもってこない。
- ひざを曲げない。

悪い例

- 頭をさげすぎ、背中が曲がっている。
- 手がからだの前にきている。

3 正座

空手道の稽古では、はじまりと終わりにかならず正座をします。
正しい正座と、すわり方、立ち方を見てみましょう。

正しい正座

　正座の基本的な姿勢は、男でも女でもかわりません。かかとの上に上体がまっすぐに乗るようにし、両手はももの上にそえます。正しい姿勢での正座は、「礼」をあらわすためだけでなく、足がしびれづらいというよさもあります。

黙想
　空手道では、稽古の前後にかならず正座をし、「黙想」をおこないます。
　黙想とは、目をとじて心を落ちつかせるもので、精神を集中させて稽古への心の準備をしたり、その日の稽古をふり返ったりするという意味があります。

胸をはる。上体が前後左右にたおれないように。

親指を重ねる。

足を内また気味にして、かかとをひらいたところへおしりを乗せる。

手は、指先をそろえてももの上にそえる。

ひざのあいだは、にぎり拳ひとつ分あける。

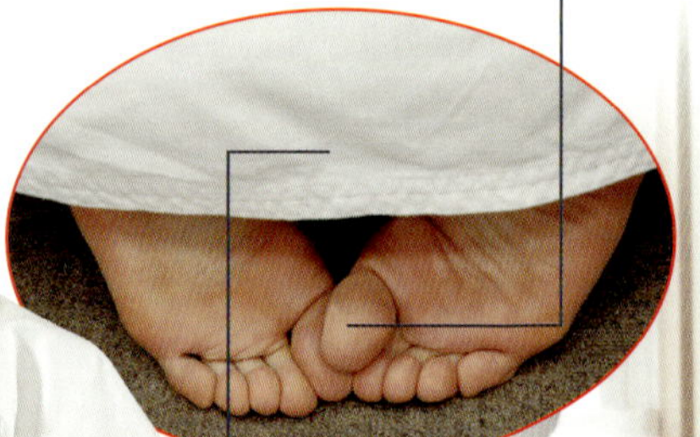

正座で黙想。

すわり方と立ち方

立ったところから正座をするには、まず左ひざを、つぎに右ひざをつきます。立ちあがるときは、右足から立ちます。上体をまっすぐにたもったままおこなうのがポイントです。

> **知って得する Q&A**
> ### 「左座右起」って？
> 空手道では、左足からすわり、右足から立ちます。これを「左座右起」といいます。柔道や剣道も同じです。この逆の「右座左起」という方法もあり、合気道、弓道などでおこなわれています。

すわり方

1 まっすぐ立った状態＊から、左足をまっすぐ後ろに引き、ひざをつく。
＊6ページ参照。

- 足首をのばさずつま先を立てる。
- 右手はもものつけ根、左手はももの横に置く。

2 同じように右足を引き、ひざをつく。

- つま先は立てたまま。
- 手はももにそえる。

3 足首をのばし、両足の真んなかに腰をおろす。

- ひざはにぎり拳ひとつ分あける。

> **どうしてつま先を立てるの？**
> ひざ立ちのときは、足首をのばさず指を立てたままにします。これはもともと、「つぎの瞬間に攻撃されてもすぐ動けるように」するためだったといわれます。

立ち方

1 正座の状態からおしりをもちあげ、のばしていた足首を曲げて指を立てる。

- 両手はももにそえたまま。

2 右足からひざを立てる。

- 左足の指は立てたまま。

3 立ちあがり、左足を右足にそろえる。

空手衣

空手道をおこなうときに着る上着、ズボン、帯をまとめて空手衣とよびます。空手衣には、形用と組手用があります。

2種類の道衣

空手衣（道衣）には、形[*1]をおこなうときに着る形用と、組手[*2]をおこなうときに着る組手用の2種類があります。

形用の道衣は、かたくて張りのある生地でできています。生地がかたいほうが着たときにきちんとした印象をあたえられ、また、突きやけりなどすばやい動きをしたときに、布どうしがすれることで出る「衣ずれ」の音が出やすいのです。衣ずれの音は、見ている人に迫力を伝えるといいます。

いっぽう組手用の道衣では、動きやすさが重視されるため、形用にくらべてやわらかい生地でできています。

また、袖、上着やズボンの裾の長さには、形用も組手用も同じ決まりがあります（右ページ参照）。しかし、生地のちがいや着こなし方（17ページ参照）によって、ちがって見えます。

[*1] 形とは、順序や動き方などがあらかじめ決められた、技のひとまとまりの流れのこと。
[*2] 組手とは、相手と組んで自由に技をかけあうこと。

形用

組手用

空手衣の決まり

空手衣には、つぎのような決まりがあります（形用、組手用共通）。

- マークの大きさは12cm×8cm以内。
- 色は白。ふちにかざりのないもの。
- 女子の場合、白色で無地のTシャツを下に着る。
- 帯は1本。
- 15cm程度。
- まくってはいけない。
- 袖の長さは手首まで。前腕（ひじ〜手首）のなかほどより短くてはいけない。
- ズボンは、ひざ下の3分の2をおおうほどの長さ。くるぶしがかくれてはいけない。
- くるぶし
- まくりあげてはいけない。
- 腰をおおう程度〜太ももの4分の3までの長さ。

※試合では、幅約5cmの赤または青の帯をしめる。

空手衣の歴史

空手道の故郷、沖縄ではもともと、下半身はズボン下に素足または足袋、上半身は裸というスタイルで稽古するのが一般的でした。剣道の道着（上着）を着ることもありましたが、空手専用の道衣はとくにありませんでした。

そんななか沖縄の船越義珍は、1922（大正11）年、柔道の創始者嘉納治五郎に東京へ招待され、柔道衣を着て空手道をひろうしたといわれています。これをきっかけに、空手道でも、道衣を着るようになりました。

1930年代に糸東流（現在、空手道の四大流派のひとつ）をひらいた摩文仁賢和。このころすでに空手衣を着ている。

ほかの道衣とのちがい

空手衣は、柔道衣をもとにしているといわれますが、現在は、いろいろとちがう点があります。

たとえば、柔道では空手道の場合よりもかなり細かく寸法や生地のあつさなどが決められています。また生地のあつさやかたさは、道衣をつかんだりはげしく引っぱったりする分、柔道衣のほうが、空手衣よりもあつくてじょうぶになっています。

5 帯と段位

空手衣の帯は、道衣がはだけないようにするのと同時に、
その色で、級位や段位をしめしています。

級位と段位

空手道では、その人の実力の目安として、級位や段位をもうけています。これを級段位制といいます。級は十級からはじまり、レベルが高くなるほど数字が少なくなります。一級のつぎは初段となり、最高位は八段（14ページ参照）です。

子どものころの稽古が将来に生きる。

公認段位

段位には、流派がそれぞれ独自にもうけているものと、全日本空手道連盟（JKF）がみとめる公認段位とがあります。

JKFが主催する大会に出るには、公認段位を取得している必要があります。公認段位を得るには、昇段審査（14ページ参照）に受からなくてはなりません。初段～五段の審査は各都道府県や空手道の各道場や団体などでひらかれますが、六・七・八段の審査は年に1回、東京と大阪で交互にひらかれています。

2010年に公認八段となった佐久本嗣男。八段を得られる人は少なく、この年も39人中、佐久本ひとりだった。

級段位と帯の色

その人の級位や段位は、帯の色を見ればわかるようになっています。基本的に級は白帯、段は黒帯ですが、流派や道場によっては、オレンジ、黄色、緑、紫、茶など、レベルにおうじた色帯をつかうことも多くあります。

初段以上にゆるされる黒帯は、海外でも、日本語のままKUROOBIや、英語でBlack Belt（黒いベルト）などとよばれ、強さのあかしとして通用します。「黒帯をもっている」というだけで、強いというイメージをもつ人が多くいるのです。

■ 級段位と帯の色対応の一例

レベル	級		段	
	十級	白	初～八段	黒
	九～七級	黄		
	六級	緑		
	五～四級	紫		
高	三～一級	茶		

※帯の色は流派によってことなる。

試合では赤＆青

稽古では、左のように自分のレベルにおうじた色の帯をしめますが、試合では、両者の区別をしやすいように、赤か青の帯をしめることと決められています。以前は、稽古と同じ帯の上から赤や白のひもをまいたり、黒帯と白帯をつかったりすることもありました。

稽古のたまもの

長年稽古をつづけていると、帯は、つかいこまれ、ぼろぼろになっていきます。

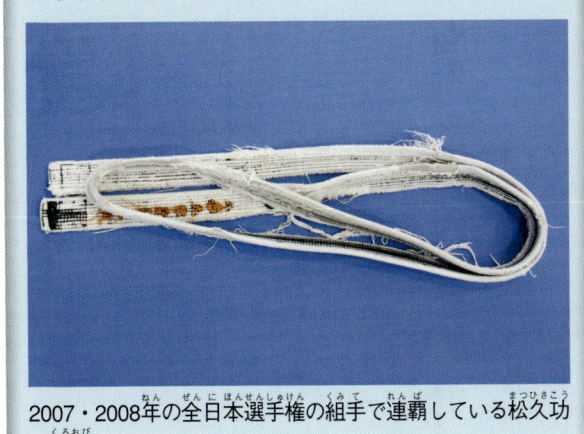

2007・2008年の全日本選手権の組手で連覇している松久功の黒帯。

あざやかなオレンジ色の帯をしめた子どもたち。

緑、紫、茶、黒などの帯が見える。

昇段審査

公認段位を得るためのテストを、昇段審査といいます。昇段審査では、形の演武*、組手試合、筆記テストによって合格かどうかが判断されます。各段位の審査を受けるには、ひとつ前の段位を取得していることが条件です。

また、八段の上に九段、十段がありますが、これらは空手道発展のために力をつくした人などにあたえられる「名誉段位」や「推せん段位」という特別な段位で、審査に受かれば得られるというものではありません。

*武芸をおこなうこと。

知って得する Q&A
そもそも「段位」って？

日本では古くから、琴や三味線、うたやおどりなどの芸をみがく「芸事」の世界で、その人のレベルをしめすものとして「段位」がつかわれていました。たとえば囲碁の世界では、1677年に本因坊道策という人が九段（名人）になっています。将棋でも、囲碁にならって九段（名人）、八段（半名人）などのよび方をするようになりました。

段位制度を武道の世界に導入したのは、柔道が最初です。1883年にはじめての初段取得者が生まれました。その後、柔道では、警視庁が定めた級制度とあわせて「級段位制」としました。

空手道の級段位制は柔道にならったもので、空手道を日本にひろめたひとり、船越義珍が、1924年にはじめての段位を発行しました。

公認八段審査の筆記テストを受ける、2010年の受験者たち。

6 空手衣の着方

空手衣を正しく着ることも「礼」のうちです。
また、空手衣を着ると、気が引きしまるといいます。

空手衣の名称
空手衣の着方を見る前に、まずは各部位の名称をおぼえましょう。

知って得する Q&A
道衣はいつからつかわれているの？

空手衣をはじめさまざまな武道をおこなうときの稽古着として定着している道衣は、もともとは、1800年ごろにつくられるようになったといわれています。1794年にあらわされた書物には、つぎのような姿で武道の稽古をしたと書かれています。
「身には稽古着など云て、木綿ゆかたのさしつづりたる一ツに、猿股*、引破れ袴などはきて」
「さしつづりたる」は、着物やゆかたに糸をぬいつけて（さして）じょうぶにすることをいっています。

＊ 短めの「ももひき」のこと。

- 襟
- 身ごろ
- あわせ
- 袖口
- 袖
- 袖
- （上着の）裾
- 股
- （ズボンの）裾

空手衣を正しく着て気合いを入れ、試合にのぞむ。

空手衣の正しい着方

空手衣の基本的な着方は、形用でも組手用でも同じです。ただし形用の空手衣を着るときの帯のしめ方は、なん通りかあります。ここでは、基本的なものを紹介します。

ズボン、上着を着る

1 ズボンをはき、腰のひもをちょう結びでしっかりむすぶ。

2 まず上着の右側をからだに引きよせ、ひもをむすぶ。

3 つぎに左側も同様にする。

帯をしめる

1 帯の長さを半分にして、中央をへそのあたりに当てる。

帯がねじれないように注意。

まっすぐにおなかに当てる。

2 両手を後ろにまわし、左右の帯をもちかえて交差させ、前にもってくる。

3 右手でもってきたほうを下、左手でもってきたほうを上にして帯を交差させる。

4 上になっている帯の先を、腰に巻いた帯の内側に通して上に引く。

ここでしっかりとしめておく。

5 4で上に引いたほうを、もう片方の上にのせ、下からまわすようにして、しっかりしめる。

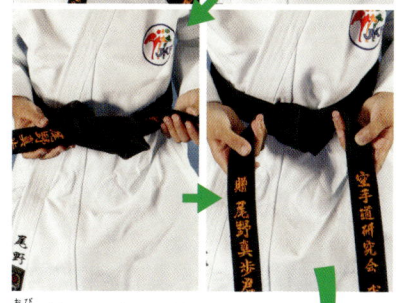

帯がねじれないように。

6 完成！！

●組手用

●形用

組手用の空手衣の場合は5までで完成。形用の空手衣を着る場合は、さらに着こなしのコツがある。

おはしょり

あわせから片方ずつ手を入れて、上着を帯の上へグッと引きあげ、「おはしょり」をつくる。

背中側も同様に、上着を帯の上へ引きあげる。

裾をもって、立体的になるように空気を入れる。

前側の裾も、しわがよらないように両手で引っぱってととのえる。

知って得する Q&A

帯のしめ方は和服といっしょ？

空手衣を着るときは、帯をからだの前でしめます。ところが、同じ帯でも、着物や浴衣など、日本古来の和服を着るときには、男性も女性も背中側で帯をしめるのがふつうです。

17

7 空手衣のたたみ方

空手衣は、稽古のたびにつかう大事な道具といえます。
毎回ていねいにたたむ習慣をつけることが大事です。

 ## きれいなたたみ方

空手衣をきれいにたたむには、おり目をしっかりとつけ、ていねいにおることがポイントです。たたみ方にはいろいろありますが、ここでは、一般的なたたみ方の例を紹介しましょう。

上着からたたむ

1 床に上着をひろげてしわをのばし、裾をそろえる。

2 肩はばの半分のところで身ごろを内側におりたたみ、しわがよらないように全体をととのえる。

3 2と同じように、反対側もおりたたむ。はみでた袖はおりかえす。

4 ズボンをたて半分におり、股の出っぱった部分を内側へおりこむ。

18

上着とズボンをあわせる

5 3の上着の上に、4のズボンを乗せる。

6 上着の長さにそろえ、ズボンの裾をおりかえす。

7 上着、ズボンをいっしょに、全体の長さの3分の1くらいのところでおる。

8 もう一度おり、3つおりにする。

9 帯をおりたたむ。

 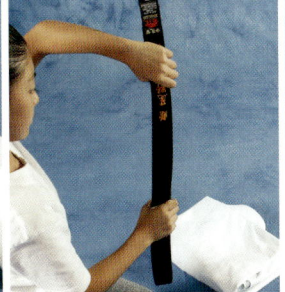 

10 8と帯をいっしょにしてできあがり。

知って得する Q&A
空手衣って洗えるの？

一般的に空手衣は、稽古のあとには毎回洗濯をします。形用の空手衣はたいてい帆布（キャンバス）とよばれる厚手の布でつくられていて、はじめはかたくごわごわとした感じがしますが、長年着こみ、洗濯をくりかえすことでやわらかくなり、からだになじむようになります。

いっぽう、組手用の空手衣では、軽さや動きやすさが重視されるため、化学繊維をつかったやわらかいものも多くあります。

もっときわめる！空手衣のできるまで

1着の空手衣も、なん人もの職人さんの手によって、たんねんにつくられています。ふだんはなかなか目にすることのできない、空手衣がつくられる過程を紹介しましょう。

上着とズボン

上着やズボンには、着たときに動きやすいようにさまざまな工夫がされています。

1 生地を仕入れる

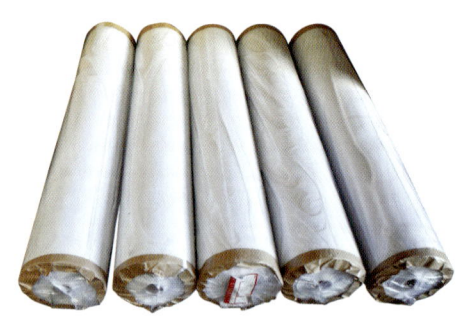

専門の工場から生地を仕入れる。メーカーごとに、布の織り方や糸の色などにこだわったオリジナルの生地をつくってもらっている。写真のロール（反物）は、1つで50mほどの長さがある。

2 生地をひろげて重ねる（延反）

延反機（反対のはじにも同じ機械がある）

反物をひろげ、ある程度の長さでおり返しながら重ねていき、両はじを延反機とよばれる機械にはさむ。一番上になった部分に型紙を当てて下書きをする。

3 生地をたつ（裁断）

専用の裁断機で、下書き通りに布をたつ。2で正確に生地を重ねておくことで、同じ大きさの部品を一度にたくさんつくることができる。

4 へ

※上の手順は、同じ空手衣を一度にたくさんつくる場合。ひとりひとりの体形、好みにあわせた「オーダーメイド」の場合は、生地も1枚ずつ裁断する。また、部品の形はメーカーによってことなる。

4 生地をぬう（縫製）

写真はたちおわった状態。このあと、各部品を1着分ずつにわけてセットする。

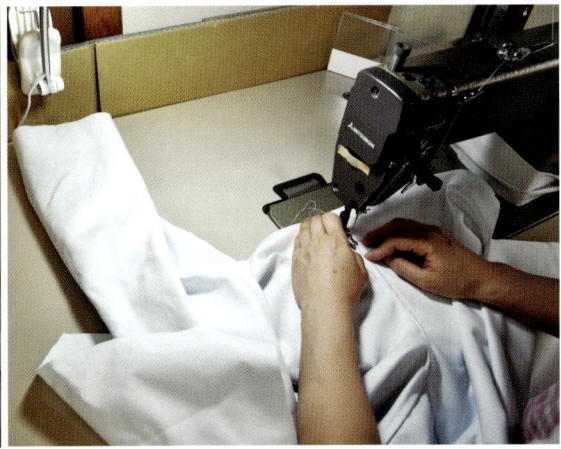
セットした部品をミシンでぬいあわせ、1着ずつ仕上げていく。熟練した職人でも、1日に仕上げられるのは3・4着ほど。

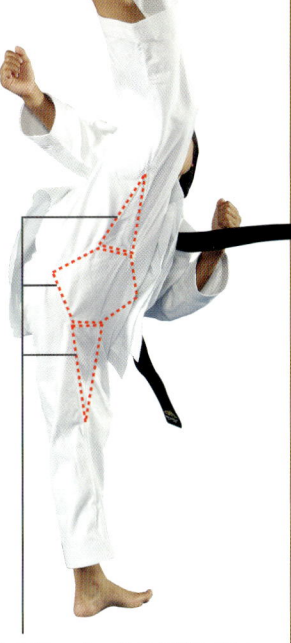
空手衣のズボンには、ふつうのズボンにはない「まち」（…の部分）がある。まちをつくることで、足をあげやすくしている。

5 ししゅうを入れる

できあがった製品に、個人の名前や団体のマークをししゅうする。ふつう個人の名前は、1着ずつ手作業でししゅうされる。

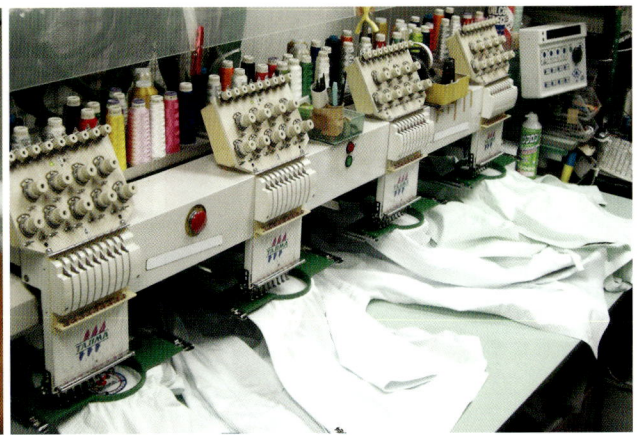
胸のししゅうを入れているところ。終わったら、サイズがあっているか、ぬい方にみだれがないかなどの最終チェックをして完成！

帯（黒帯）

　帯は、中芯を生地でくるみ、ステッチを入れてつくられます。つかう生地の種類（織り方）によって、完成品のよび方もかわってきます。綿製でやわらかい「並黒」、同じく綿製で、並黒よりも張りのある「洋八」、表面に光沢のある生地をつかった「朱子」、しっとりした光沢のある絹製の「本絹」があります。また、帯の幅には4cmと4.5cmの2種類があります。

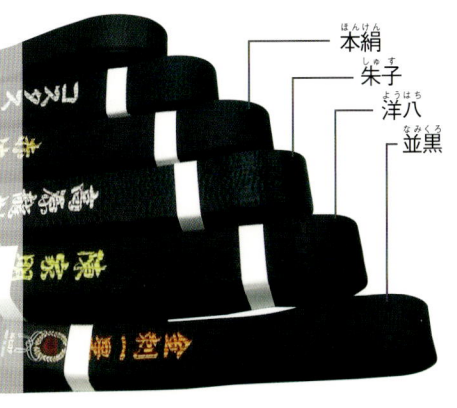
本絹 / 朱子 / 洋八 / 並黒

8 防具

空手道の試合では、身を守るために防具を身につけます。
防具の種類は、大会の規模や選手の年齢によってかわります。

防具の役割

空手道では、相手をたおせたかどうかではなく、技の正確さや決まり具合を審判が判断し、勝敗を決めます。そのため、拳や足を直接相手に当てることは禁止されています。

しかし勢いあまって攻撃が当たってしまうこともあります。そうしたときのために防具がつかわれはじめました。防具には、自分の身を相手の攻撃から守るだけでなく、自分の攻撃が相手に当たってしまったとき、自分と相手、両方が受ける衝撃をやわらげ、けがをふせぐ役割もあります。

基本の防具

基本の防具は、拳、頭部、胸部を守る3種類です。これらに加え、男性は急所を守る金的サポーター、女子は胸部を守る胸あても必要です。

●基本の防具3点セット（小・中学生の場合）

（小学生用）

拳サポーター（赤または青）
拳を守る。

（中学生以上）

面ガード（メンホー）
顔面、頭部を守る。

ボディプロテクター
胸への衝撃をやわらげる。

22

年齢や大会レベルによるちがい

つぎにあげる大会では、基本の防具以外に必要なものがあります。

●高校生の大会

シンガード
インステップガード

シンガードとインステップガード
けった本人のすねや足の甲、けりが当たった相手への衝撃をやわらげる。

●国際大会

シンガードとインステップガード

高校生の全国大会。国内大会の場合、面ガードをつかう。

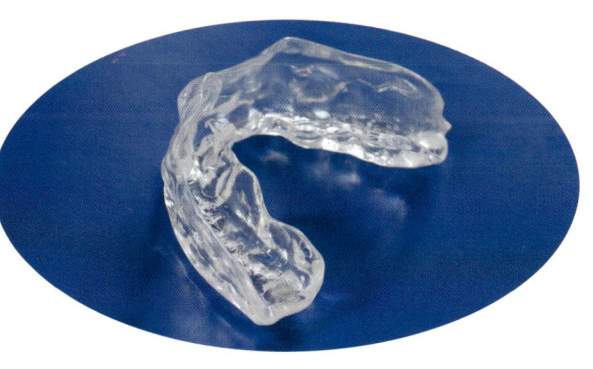

マウスピース
自分の舌をきずつけないように、歯にはめるもの。面ガードをしない場合に必要なことが多い。

●カデット（14・15歳）の国際大会

フェイスマスク
面ガードのかわりに必要。

シニアの国際大会。

23

9 道場

場所を選ばず、どこでもできるのが空手道の稽古ですが、
一般的には道場でおこなわれています。

体育館でも道場？

道場には、空手道専用につくられた立派なものもあれば、体育館を代用した道場もあります。

しかしどんな道場でも共通しているのは、空手道の稽古をおこなう人にとって、「気持ちを切りかえられる場所」であるということです。

空手道は、けりでも突きでも、攻撃が相手に当たらないようにするのが原則ですが、それでも気をゆるめればけがをしてしまう可能性があります。そのため、一歩道場に足をふみいれたら、気持ちを切りかえ、礼儀正しくあいさつをし、きびきびと行動することが求められます。そうすることで稽古に集中し、けがも予防できるというわけです。

神棚：神棚をもうける道場も多くある。

鏡をもうける道場もある。自分の姿勢などを確認できる。

床は板張り。

試合をおこなう場合、競技場にはマットをしく（28・29ページ参照）。

道場訓とは？

 多くの道場には、道場訓がかかげられています＊。道場訓とは、空手道をおこなう目的や心構えを、短い言葉にあらわしたもので、多くの道場が、見やすいところにかかげています。稽古のはじめに、正座をしてみんなで読みあげることも多くあります。

＊道場それぞれで独自の道場訓をもうけることがあるいっぽう、道場訓をかかげない流派もある。

● 道場訓の例

一、人格完成に務むること
一、誠の道を守ること
一、努力の精神を養うこと
一、礼儀を重んずること
一、血気の勇を戒むること

左は日本、右はアメリカ・マイアミの道場にかかげられた道場訓。マイアミのものは、日本語をそのままローマ字におきかえてある。

知って得する Q&A
日本最大の道場は？

 日本最大の道場は、日本武道館です。メイン会場となるアリーナは、2,513m²もの広さです。
 日本武道館は、いまでは国内・海外の多くの歌手によるコンサートがひらかれたり、さまざまなイベントがおこなわれたりと幅広くつかわれていますが、もともとはその名の通り、柔道や剣道などの武道をとくに青少年にひろめ、発展させることを目的に建てられました。1964年に完成し、その年の東京オリンピックでは柔道競技がおこなわれました。いまでも、空手道をはじめ各武道の全日本選手権や世界大会、少年少女武道練成大会など、さまざまな武道の大会がひらかれています。

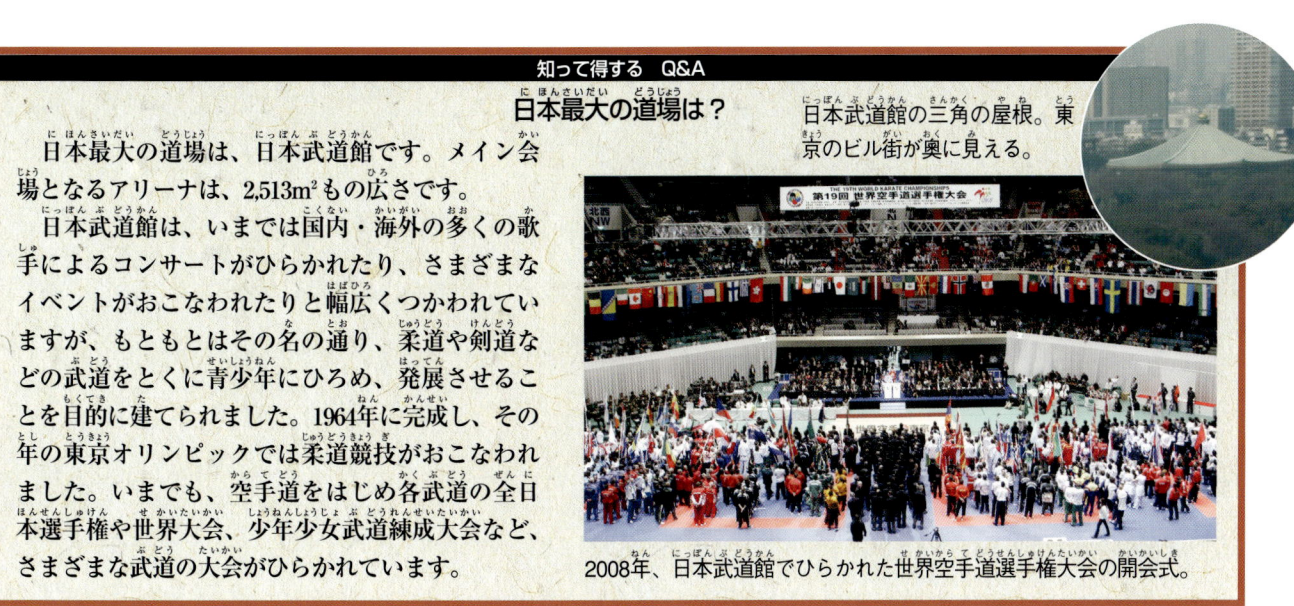

日本武道館の三角の屋根。東京のビル街が奥に見える。

2008年、日本武道館でひらかれた世界空手道選手権大会の開会式。

もっときわめる！世界にひろまる空手道

空手道は、いまや世界じゅうにひろまり、さまざまな国に道場があります。各国の道場や、その国の代表選手たちの稽古風景を写真で紹介しましょう。

●中国

近年力をつけてきた、中国ナショナルチーム*の稽古のようす。頭上の赤い文字は右から左へ読み、手前は「努力の精神を養うこと」、奥は「血気の勇を戒めること」という意味（25ページの道場訓参照）。

＊国を代表する選手たちが集められたチームのこと。国が強化合宿などをおこなっている。

●ドミニカ共和国

カリブ海に位置するドミニカ共和国の町道場のようす。ドミニカの選手は形が強く、2009年の世界大会では、女子・形で第2位となっている。

●トルコ

トルコのナショナルチームの稽古風景。2008年の世界空手道選手権大会では、男子団体組手で優勝したほか、個人でも2つのメダルを獲得している。

●チェコ

日本から元日本代表選手をまねいておこなわれた、チェコでの「合宿」のようす。ヨーロッパでは、日本人空手家をまねいて泊まりがけで稽古をおこなうことがよくある。現地でも、日本語のまま「GASSYUKU」とよばれることが多い。

●スペイン

スペインのナショナルチームの稽古に中国のナショナルチームが「出稽古」に来た際の写真。出稽古とはほかの道場に出向いておこなう合同稽古のこと。スペインは世界でも強豪国のひとつで、道場には多くのトロフィーがかざられている。

●アメリカ

アメリカ東南部に位置するフロリダ州・マイアミでの朝稽古のようす。マイアミは1年を通して温暖な気候で、各道場は、こうした海岸での稽古もさかんにおこなっている。

10 競技場
きょうぎじょう

稽古は板張りの床でおこなわれますが、試合は、
規定の大きさにマットをしいた「競技場」でおこなわれます。

 ### 競技場の決まり

　空手道の試合は、組手、形いずれも、表面が平らで、危険のない状態でおこなわれなくてはならないと、競技規則によって決められています。組手の場合は「マットが適している」とされています。このマットの寸法は、下の写真のように8m四方と定められ（場内）、まわりには2m以上の安全域（場外）が必要とされています。マットの色は、国内大会では白、国際大会では青がベースになっています。場内・場外を区別するため、場内のいちばん外側の1mは青（国内）や赤・黄・オレンジなど（国際）のマットになっています。

けがを防止するため、マットのつぎ目があかないようにぴったりとしきつめる。

安全域（場外）。競技規定では、8m四方の場内の外側に、さらに2m以上の安全域をもうけることと決められている。

28

マット

競技場でつかわれるマットはウレタン製で、薄手のものがつかわれます。床と接する部分は、すべらないように加工されています。

ほとんどの場合、形競技、組手競技いずれも同じ競技場がつかわれますが、競技規則では、形の試合の場合は、「平らで危険のない状態」であれば、かならずしもマットをつかわなくてもかまわないことになっています。

知って得する Q&A
空手道のTATAMIって？

和室などに使われる畳は、海外でもそのまま「TATAMI」とよばれています。空手道では、道場は板張り、競技場はマットと、畳はいっさいつかわれませんが、海外の大会などにいくと、「TATAMI」という言葉がとびかっています。じつは空手道の国際大会では、本物の畳ではなく、競技場にしくマットや競技場のコートをさして「TATAMI」とよんでいるのです。

国際大会の会場。「第2コート」という意味で「Tatami 2」と表示されている（Tatamiをすべて大文字で書くとTATAMI）。

ドイツでの世界大会。空手人気がうかがえる。

モロッコでおこなわれたジュニア・カデット（14〜17歳）の大会。「TATAMI」がならぶ。

さくいん

あ行

朝稽古	27
アメリカ	25, 27
安全域	28
インステップガード	23
右座左起	9
延反	20
沖縄	2, 11
帯	11, 12, 13, 16, 17, 19, 21

か行

形（形用）	10, 11, 14, 16, 17, 19, 26, 28, 29
合宿（GASSYUKU）	27
カデット	23, 28
嘉納治五郎	11
神棚	4, 24
空手衣	2, 10, 11, 12, 15, 16, 17, 18, 19, 20, 21
空手衣の決まり	11
衣ずれ	10
級位	12, 13
級段位制	12, 14
競技場	24, 28, 29
組手（組手用）	10, 11, 14, 19, 23, 26, 28, 29
黒帯	13, 21
血気の勇を戒むること	25, 26
拳サポーター	22
公認段位	12, 14

さ行

佐久本嗣男	12
左座右起	9
座礼	6, 7
糸東流	11
柔道	4, 9, 14
柔道衣	11
朱子	21
場外	28
昇段審査	12, 14
場内	28
初段	12, 13
白帯	13
シンガード	23
スペイン	27
すわり方	9
正座	6, 7, 8, 9, 25
世界空手道選手権大会	2, 25, 26
世界空手連盟（WKF）	2
節度	5
全日本空手道連盟（JKF）	12

た行

正しい正座	7, 8
正しい立ち方	6
TATAMI	2, 29
立ち方	9
段位	12, 13, 14
反物	20

チェコ　27
中国　26, 27
出稽古　27
道衣　10, 11, 15
東京オリンピック　25
道場　4, 13, 24, 25, 26, 27
道場訓　25, 26
ドミニカ共和国　26
努力の精神を養うこと　25, 26
トルコ　26

な行

ナショナルチーム　26
並黒　21
日本武道館　25

は行

フェイスマスク　23
武道　2, 4, 15, 25
船越義珍　11, 14
防具　22
ボディプロテクター　22
本絹　21

ま行

マウスピース　23
（空手衣の）まち　21
マット　24, 28, 29
松久功　13

摩文仁賢和　11
身ごろ　15, 18
面ガード（メンホー）　22, 23
黙想　8

や行

洋八　21

ら行

立礼　6
流派　5, 12, 13
礼　2, 4, 5, 6, 15
礼節　5
礼にはじまり、礼に終わる　4
礼の作法　5

31

■ 監修／**全日本空手道連盟**

■ 編／**こどもくらぶ**（中嶋 舞子）
あそび・教育・福祉分野で児童書を企画編集し、毎年100タイトルほどの作品を発表。各方面から高く評価されている。

■ 撮影／薄田秀明

■ 撮影モデル／

伊藤 いぶき
（剛柔）

尾野 真歩
（糸東）

ゴルバニ 有守
（和道）

田野 恵都
（松涛館）

■ デザイン
長江 知子

■ DTP
矢野 瑛子

■ 企画・制作
エヌ・アンド・エス企画

■ 写真協力／株式会社ヒロタ

■ 参考資料／『日本武道協議会設立30周年記念 日本の武道』（日本武道館刊）

基本をきわめる！ 空手道　②礼・空手衣・道場

初　版　第1刷　2010年9月30日

監　修　全日本空手道連盟
発　行　株式会社チャンプ
　　　　〒166-0003 東京都杉並区高円寺南4-19-3 総和第二ビル2階
　　　　電話 03-3315-3190　FAX 03-3312-8207
　　　　URL　http://www.champ-karate.com/
印刷・製本　凸版印刷株式会社

©Champ2010　Printed in Japan.
乱丁・落丁本はおとりかえいたします。

無断複写複製（コピー）禁ず
ISBN978-4-86344-000-5　NDC789
32p/29cm